Impressum
Verlag: BABADADA GmbH, Nedderfeld 112 , 22529 Hamburg
Geschäftsführer / Verlagsleitung: Harald Hof
Druck: Books on Demand GmbH, In de Tarpen 42, 22848 Norderstedt

Imprint
Publisher: BABADADA GmbH, Nedderfeld 112 , 22529 Hamburg, Germany
Managing Director / Publishing direction: Harald Hof
Print: Books on Demand GmbH, In de Tarpen 42, 22848 Norderstedt

dugsi
school

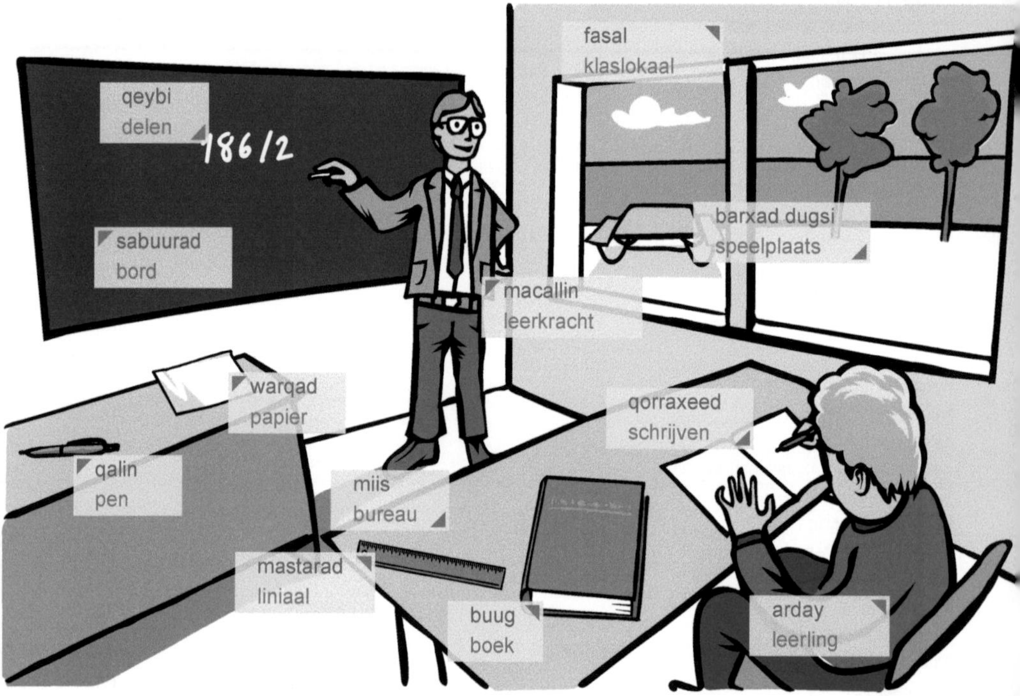

fasal
klaslokaal
qeybi
delen
186/2
sabuurad
bord
barxad dugsi
speelplaats
macallin
leerkracht
warqad
papier
qorraxeed
schrijven
qalin
pen
miis
bureau
mastarad
liniaal
buug
boek
arday
leerling

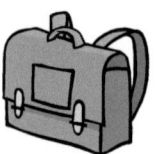

boorso

schooltas

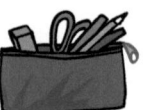

kiis qalin-qori

pennenzak

qalin-qori

potlood

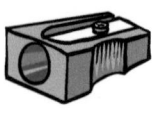

koobka qalin qor

puntenslijper

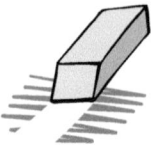

titirre

gom

buugga sawirka

tekenblok

sawirid

tekening

burushka midabaynta

verfborstel

gasaca midabaynta

verfdoos

maqasyo

schaar

koollo

lijm

buug qoraal

werkboek

shaqo-guri

huiswerk

lambar

nummer

ku dar

optellen

ka jar

aftrekken

ku dhufo

vermenigvuldigen

xisaabi

rekenen

warqad

letter

alifbeeto

alfabet

erey

woord

qoraal

tekst

akhri

Lezen

jeesto

krijt

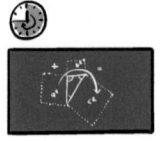

cahsar

les

diiwaan

klassenboek

imtixaan

examen

shahaado

certificaat

direes dugsi

schooluniform

waxbarasho

onderwijs

diwaan mowduuceed

encyclopedie

jaamacad

universiteit

mayskariskoob

microscoop

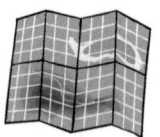

khariidad

kaart

haan qashin-gur

papiermand

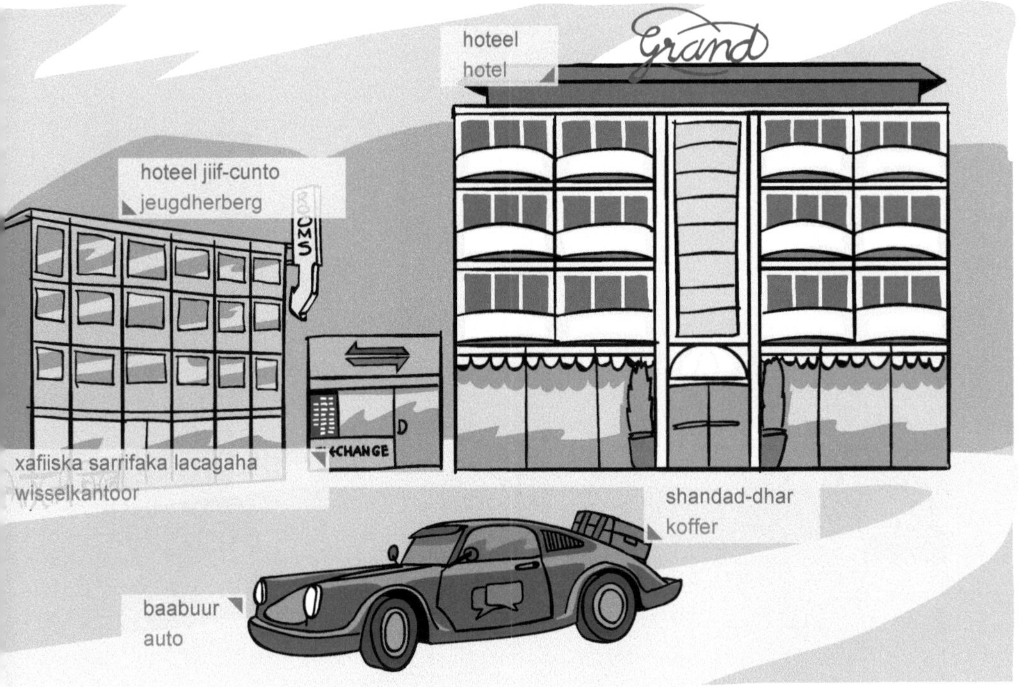

Grand
hoteel
hotel
hoteel jiif-cunto
jeugdherberg
ROOMS
EXCHANGE
xafiiska sarrifaka lacagaha
wisselkantoor
shandad-dhar
koffer
baabuur
auto

luuqad

Taal

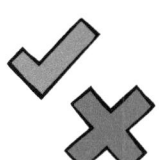

haa / maya

ja / nee

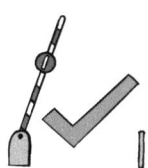

Hagaag

oké

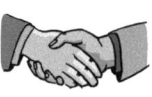

nabad miyaa

hallo

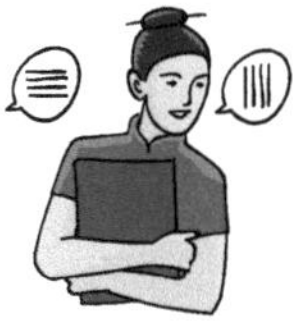

turjumaan

vertaler

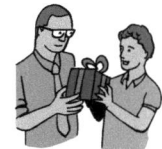

Waad mahadsan tahay

bedankt

waa immisa…?

Hoeveel kost …?

ma aanan fahamin

Ik begrijp het niet

dhibaato

probleem

galab wanaagsan!

Goedenavond!

subax wanaagsan!

Goedemorgen!

habeen wanaagsan!

Goedenavond!

nabad gelyo

Tot ziens

jiho

richting

alaabo

bagage

boorso

zak

boorso-dhabar

rugzak

marti

gast

qol

kamer

katiifad

slaapzak

teendho

tent

xog dalxiis

toeristeninformatie

xeebta

strand

kaar amaah

kredietkaart

quraac

ontbijt

qado

lunch

casho

avondeten

rasiid

ticket

wiish

lift

tiimbare

postzegel

xuduud

grens

qeybta-canshuur-bixinta

douane

safaarad

ambassade

dal ku gal

visum

baasaboor

paspoort

gaadiid

transport

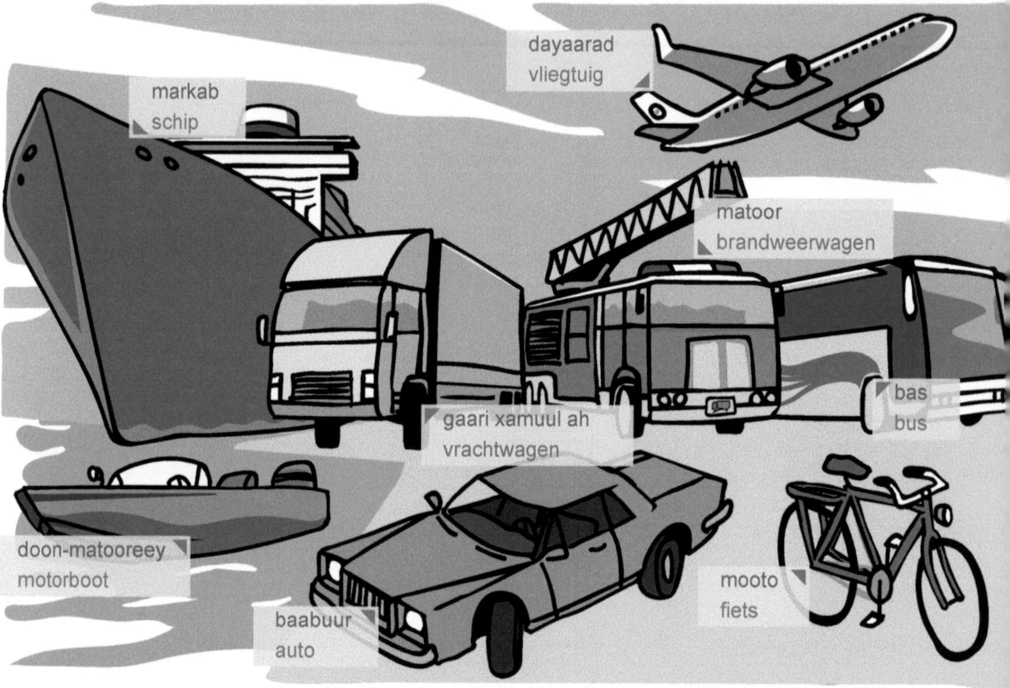

dayaarad
vliegtuig
markab
schip
matoor
brandweerwagen
bas
bus
gaari xamuul ah
vrachtwagen
doon-matooreey
motorboot
mooto
fiets
baabuur
auto

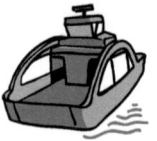

doon

veerboot

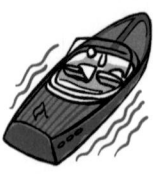

doonnida

boot

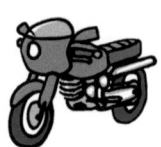

mooto

motor

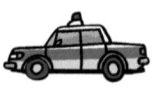

baabuur booliis

politiewagen

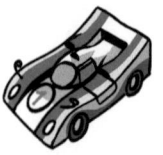

baabuur baratan

racewagen

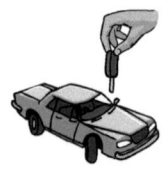

baabuur la-kiraysto

huurauto

gaadiid-wadaag

carpoolen

wiishle

sleepwagen

gaari qashin-gure

vuilniswagen

matoor

motor

shidaal

benzine

ajib

benzinestation

calaamad taraafiko

verkeersbord

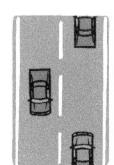

taraafiko

verkeer

jaam baabuur

file

baarkin-baabuur

parkeerplaats

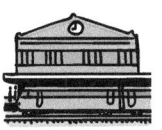

boosteejo tareen

station

waddo-tareen

sporen

tareen

trein

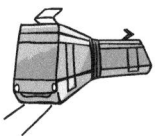

taraam

tram

gaari faras

wagon

helikobtar

helikopter

garoonka dayuuradaha

luchthaven

manaarad

toren

rakaab

passagier

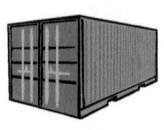

weel

container

kartoon

karton

gaari faras

kar

dambiil

mand

kicid / degis

opstijgen / landen

magaalo

stad

tuulo

dorp

faras magaale

stadscentrum

guri

huis

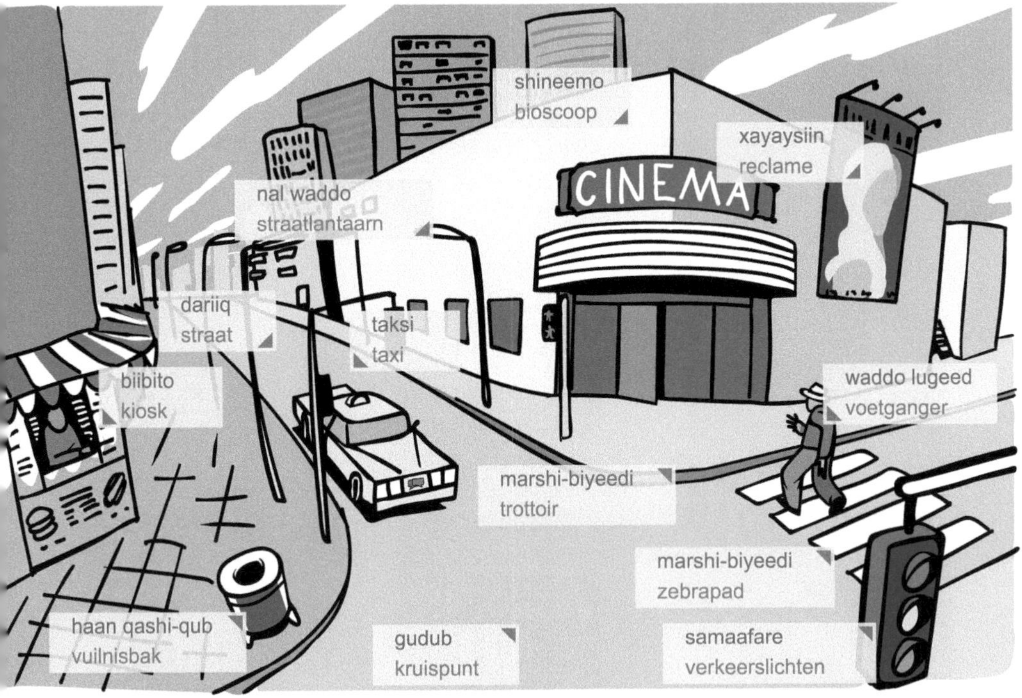

shineemo
bioscoop

xayaysiin
reclame

nal waddo
straatlantaarn

dariiq
straat

taksi
taxi

biibito
kiosk

waddo lugeed
voetganger

marshi-biyeedi
trottoir

marshi-biyeedi
zebrapad

haan qashi-qub
vuilnisbak

gudub
kruispunt

samaafare
verkeerslichten

mundul
....
hut

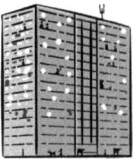

dabaq
....
woning

boosteejo tareen
....
station

xarunta dowladda-hoose
....
stadshuis

matxaf
....
museum

dugsi
....
school

magaalo - stad

jaamacad

universiteit

bangi

bank

isbitaal

ziekenhuis

hoteel

hotel

farmasi

apotheek

xafiis

kantoor

buug shoob

boekwinkel

dukaan

winkel

dukaan ubax

bloemenwinkel

carwo

supermarkt

suuq

markt

suuq weyne

warenhuis

kalluun-iibshe

vishandelaar

suuq

winkelcentrum

furdo

haven

jardiino

park

kursi

bank

buundo

brug

jaraanjaro

trap

waddo-tareen-hoosaad

metro

waddo-dhul hoose

tunnel

boosteejo

bushalte

baar

bar

makhaayad

restaurant

sanduuq boosto

brievenbus

calaamad waddo

straatnaambord

joogid-cabbire

parkeermeter

beer-xayawaan

zoo

barkad dabbaalasho

zwembad

masaajid

moskee

beer
boerderij

naqas
milieuverontreiniging

qabuuro
kerkhof

kaniisad
kerk

garoon
speelplaats

macbad
tempel

muqaal-dhireed
landschap

caleen
blad

calaamad-waddo
wegwijzer

waddo
weg

seere
weide

dhagax
steen

buur korre
wandelaar

geed
boom

webi
rivier

caws
gras

ubax
bloem

dooxo

vallei

buur

heuvel

laag

meer

kayn

bos

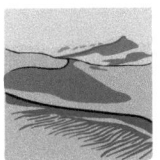

saxare

woestijn

foolkaano

vulkaan

qasri

kasteel

qaanso-roobaad

regenboog

barkin-waraabe

paddenstoel

geed timireed

palmboom

kaneeco

mug

duqsi

vlieg

qoraanjo

mier

shinni

bijl

caaro

spin

dameer-duudeey

kever

rah

kikker

dabagaalle

eekhoorn

kashiito

egel

dabagaalle

haas

guumeys

uil

shimbir

vogel

boolo-boolo

zwaan

doofaar-jilibeey

wild zwijn

deero

hert

faras-duur

eland

biyo-xireen

dam

tamar-dhaliye

windturbine

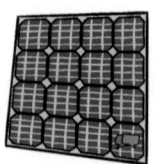

soollar

zonnepaneel

cimilo

klimaat

makhaayad
restaurant

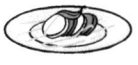

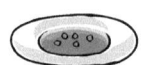

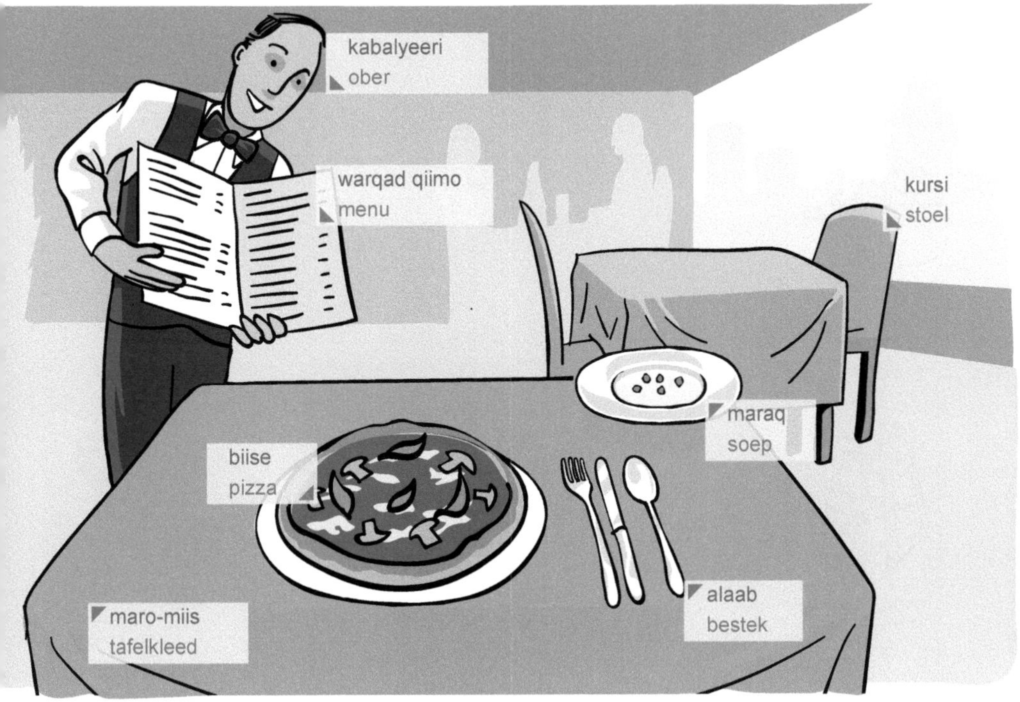
kabalyeeri
ober
warqad qiimo
menu
kursi
stoel
maraq
soep
biise
pizza
alaab
bestek
maro-miis
tafelkleed

af-billow

voorgerecht

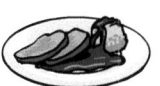

cunto bariimo

hoofdgerecht

macmacaan

nagerecht

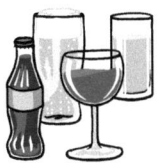

cabitaan

drankjes

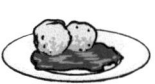

cunto

eten

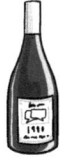

dhalo

fles

cunto diyaarsan

fastfood

cunto-waddo

street food

jalmad shaah

theepot

weelka sonkorta

suikerpot

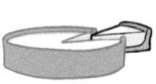

qayb

portie

mashiinka isbareesada

espressomachine

kursi dheer

kinderstoel

biil

rekening

tereey

dienblad

mindi

mes

fargeeto

vork

qaaddo

lepel

malqacad-shaah

theelepel

shukumaan miis

serviette

galaas

glas

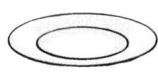

saxan

bord

saxanka maraqa

soepbord

saxan

schoteltje

suugo

saus

weelka cusbada

zoutvatje

basbaas shiide

pepermolen

fixiye

azijn

saliid

olie

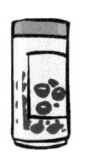

dhandhanaan

kruiden

suugo

ketchup

mastaard

mosterd

mayoonees

mayonaise

carwo

supermarkt

qiima dhimis qaas ah
aanbieding
macmiil
klant
caano
zuivelproducten
miro
fruit
gaariga adeega
winkelwagen
FOR

BUTCHERS

kawaan

slagerij

BAKERY

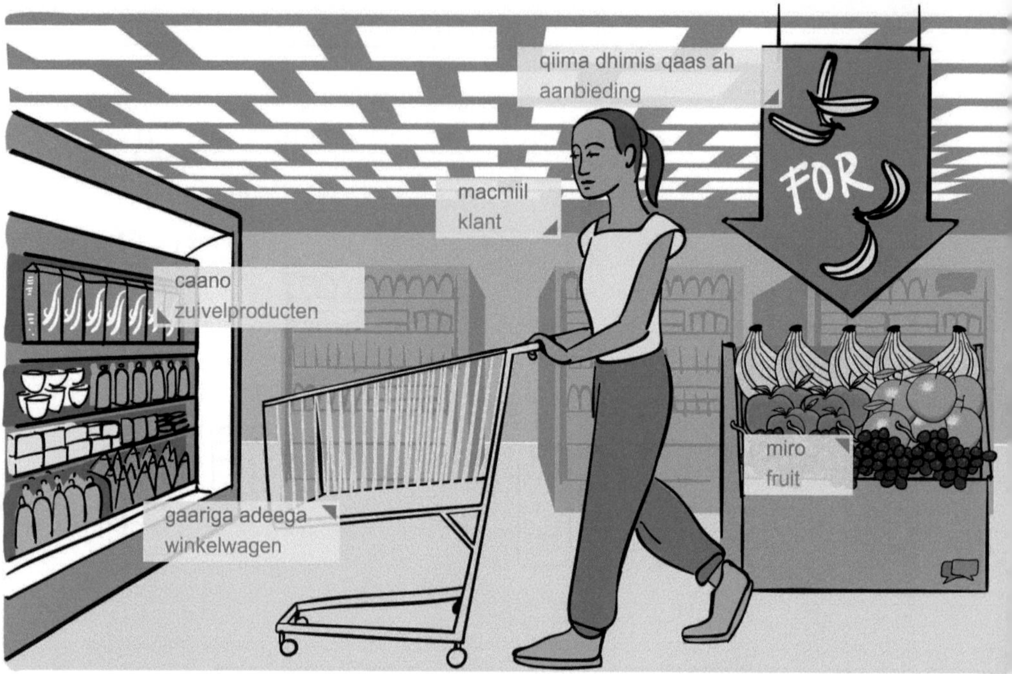

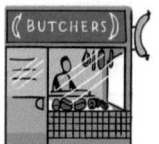

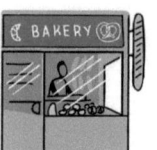

foorno

bakkerij

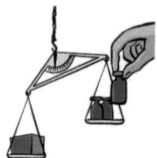

cabbir

wegen

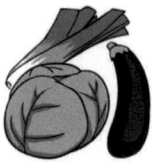

khudaar

groenten

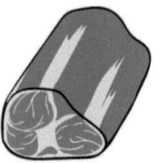

hilib

vlees

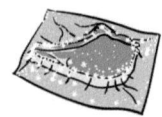

cunto la qaboojiyay

diepvriesvoedsel

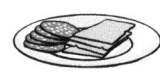

hilibka qadada
charcuterie

cunto gasacadeysan
conserven

oomo
waspoeder

macmacaan
snoep

alaabada guri
huishoudproducten

alaabo nadaafad
schoonmaakproducten

iibshe
verkoopster

diiwaan lacagta
kassa

qasnaji
kassier

liis adeeg
boodschappenlijstje

saacadaha shaqo
openingstijden

shandada jeebka
portefeuille

kaar amaah
kredietkaart

bac
tas

bac
plastieken zakje

biyo

water

casiir

sap

caano

melk

kooka-kola

cola

khamri

wijn

biir

bier

khamri

alcohol

kooke

cacao

shaah

thee

kafee

koffie

isberesso

espresso

koobishiin

cappuccino

muus

banaan

tufaax

appel

liin-bambeelmo

sinaasappel

qare

meloen

liin

citroen

karooto

wortel

toon

knoflook

baambuu

bamboe

basal

ajuin

barkin-waraabe

champignon

loos

noten

baasto

noodles

baasto

spaghetti

bariis

rijst

salar

salade

jibsi

frieten

baradho shiilan

gebakken aardappelen

biise

pizza

haambeegar

hamburger

saanwij

sandwich

hilib-jiir

kalfslapje

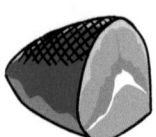

hilib-doofaar

ham

salami

salami

sooseej

worst

hilib-digaag

kip

duban

braden

kalluun

vis

sareenta mashaarida

havervlokken

quraac isku-dhafan

muesli

daango

cornflakes

bur

bloem

nooc rooti ah

croissant

rooti

pistolet

rooti

brood

rooti-la-kulluleeyey

toast

buskud

koekjes

subag

boter

hanti

kwark

doolsho

taart

ukun

ei

ukun shiilan

spiegelei

burcad

kaas

jalaato
ijs

sonkor
suiker

malab
honing

malmalaado
confituur

labeen macmacaan
choco

suugo
curry

beer

boerderij

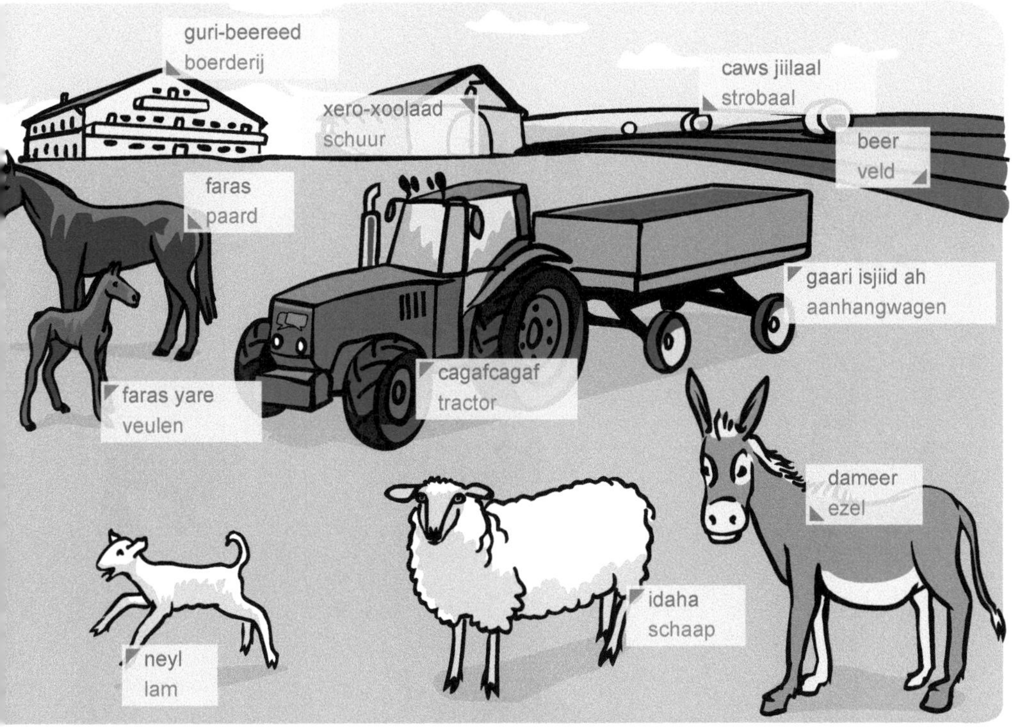
guri-beereed
boerderij
xero-xoolaad
schuur
caws jiilaal
strobaal
beer
veld
faras
paard
gaari isjiid ah
aanhangwagen
faras yare
veulen
cagafcagaf
tractor
dameer
ezel
idaha
schaap
neyl
lam

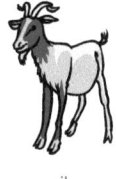

ri'
geit

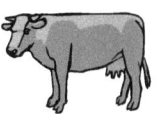

sac
koe

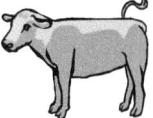

weyl
kalf

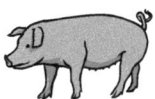

doofaar
varken

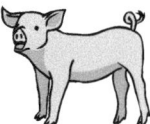

dhal doofaar
biggetje

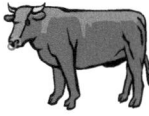

dibi
stier

bawaato lab

gans

bawaato

eend

jiijiile

kuiken

digaag

kip

diiq

haan

doolli

rat

bisad

kat

jiir

muis

dibi

os

eey

hond

hoyga eeyga

hondenhok

tuubbo waraab

tuinslang

sakeelka waraabinta

gieter

gudin

zeis

carro-roge

ploeg

gudin

sikkel

yaambo

schoffel

fargeeto caws-beereed

hooivork

faas

bijl

gaari -gacan

kruiwagen

dar

trog

dhalada caanaha

melkkan

jawaan

zak

deer

hek

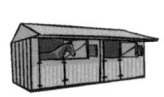

xero xooleed

stal

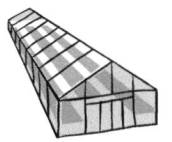

gur-biqlin-dhireed

broeikas

ciidda

bodem

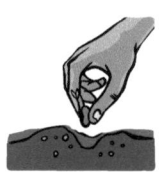

abuuka

zaad

bacrimiye

mest

cagafta beer-goynta

maaidorser

beer-goyn

oogsten

beer-gooyn

oogst

moxog

yam

sarreen

tarwe

soya

soja

baradho

aardappel

galley

maïs

geed-saliideed

koolzaad

geed mirood

fruitboom

moxog

maniok

firiley

graan

guri
huis

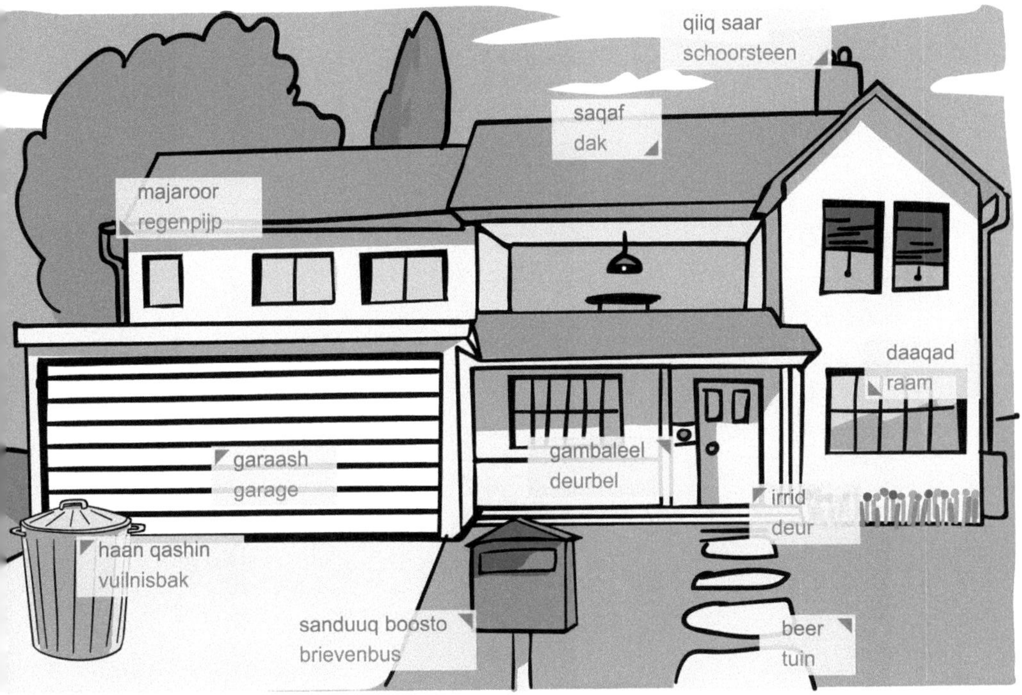
qiiq saar
schoorsteen
saqaf
dak
majaroor
regenpijp
daaqad
raam
garaash
garage
gambaleel
deurbel
irrid
deur
haan qashin
vuilnisbak
sanduuq boosto
brievenbus
beer
tuin

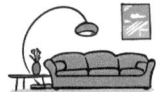

qol jiib
woonkamer

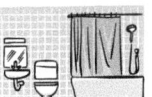

musqul-qubeys
badkamer

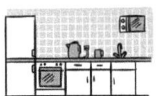

jiko
keuken

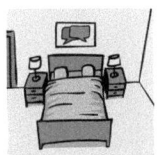

qolka jiifka
slaapkamer

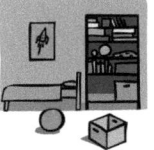

qolka ilmaha
kinderkamer

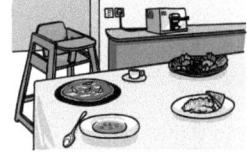

qolka cuntada
eetkamer

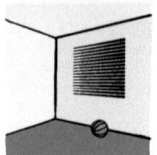

sagxad

vloer

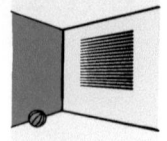

derbi

muur

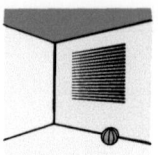

saqaf

plafond

makhaasiin

kelder

soona

sauna

balakoon

balkon

daarad

terras

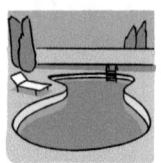

barkad

zwembad

caws-jare

grasmaaier

buste

dekbedovertrek

go'

dekbed

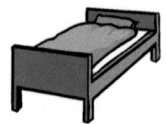

sariir

bed

xaaqin

bezem

baaldi

emmer

daare-damiye

schakelaar

qol jiib
woonkamer

sharaaxd-derbi
behangpapier
sawir
foto
feynuus
lamp
qaanad
schap
armaajo
kast
telefiishan
televisie
dab-shid
open haard
ubax
bloem
barkin
kussen
fadhi-carbeed
sofa
dheri-ubax
vaas
rimuud
afstandsbediening

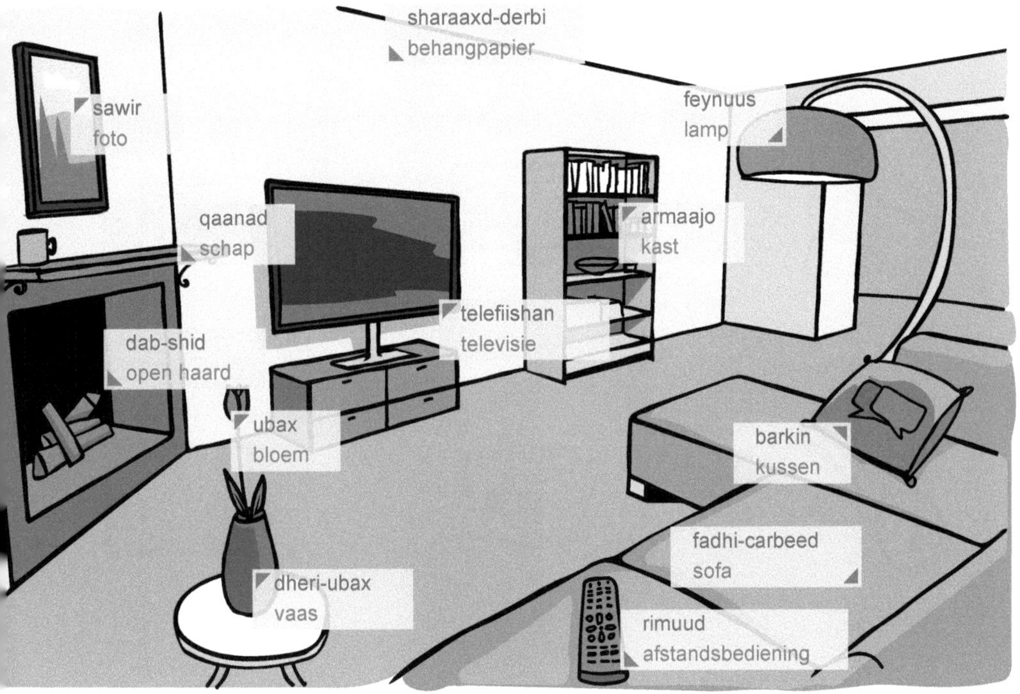

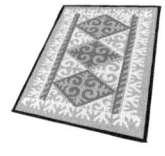

roog

mat

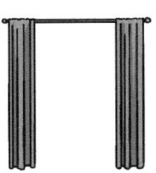

daah

gordijn

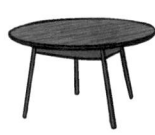

miis

tafel

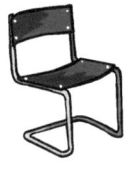

kursi

stoel

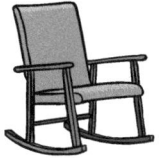

kursi wareega

schommelstoel

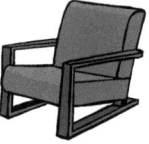

kursi fadhi

fauteuil

buug

boek

buste

deken

qurxin

decoratie

xaabo

brandhout

filin

film

cod-baahiye

stereo-installatie

fure

sleutel

wargeys

krant

rinjiyeyn

schilderij

tabeelo

poster

raadiye

radio

xusuus-qor

notitieboekje

huufar

stofzuiger

tiitiin

cactus

shumac

kaars

jiko
keuken

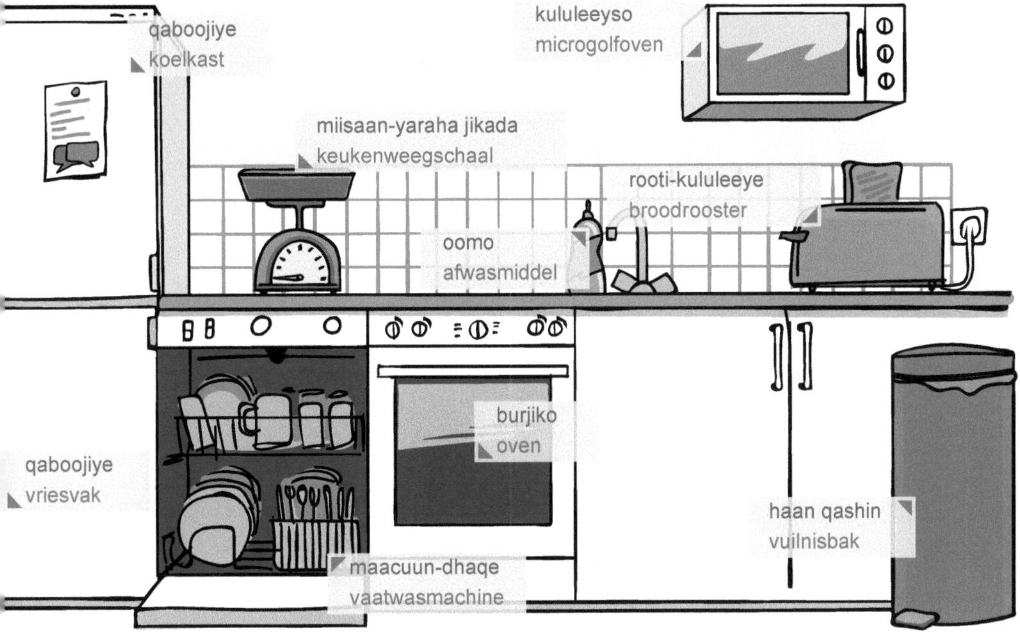
qaboojiye
koelkast
kululeeyso
microgolfoven
miisaan-yaraha jikada
keukenweegschaal
rooti-kululeeye
broodrooster
oomo
afwasmiddel
burjiko
oven
qaboojiye
vriesvak
haan qashin
vuilnisbak
maacuun-dhaqe
vaatwasmachine

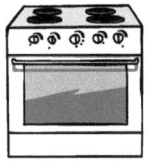

kuuker
fornuis

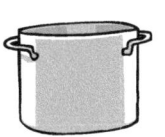

dheri
pot

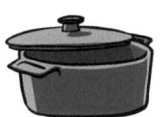

birtaawo
gietijzeren pot

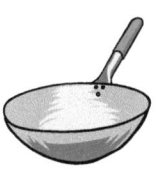

birtaawo
wok / kadai

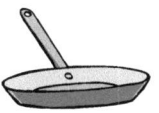

birtaawo
pan

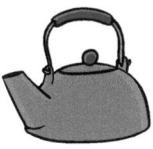

kirli
waterkoker

uumiye

stoomkoker

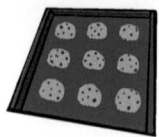

saxaarad dubista

bakplaat

maacuun

servies

bakeeri

mok

baaquli

kom

qoryo wax lagu cuno

eetstokjes

malqacad

pollepel

qaado

spatel

folow

garde

miire

vergiet

shashaq

zeef

qudaar-jare

rasp

mooye

mortier

hilib-sol

barbecue

dab

haardvuur

alwaaxa wax-jar-jarka

snijplank

ul jabaati

deegrol

guf-saare

kurkentrekker

gasac

blik

gasac-fure

blikopener

istaraasho-jiko

pannenlap

saxanka-alaab-dhaqa

gootsteen

caday

borstel

isbuunyo

spons

shiide

blender

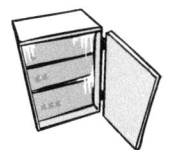

qaabojin qoto-dheer

vriezer

masaasad

papfles

tuubbo

kraan

musqul-qubeys
badkamer

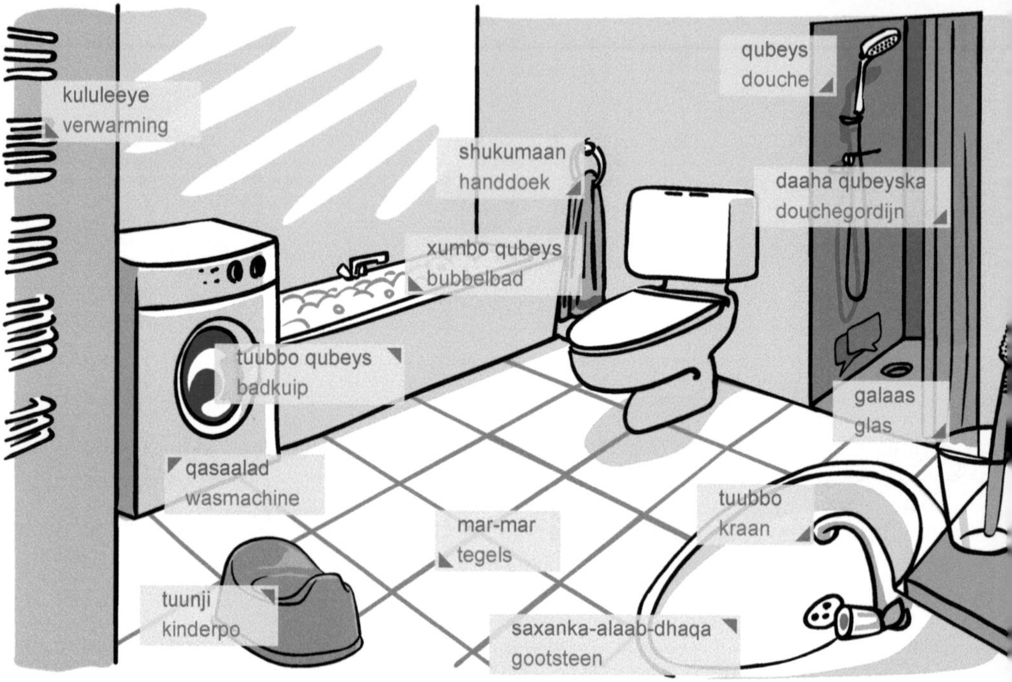
kululeeye
verwarming
shukumaan
handdoek
qubeys
douche
daaha qubeyska
douchegordijn
xumbo qubeys
bubbelbad
tuubbo qubeys
badkuip
galaas
glas
qasaalad
wasmachine
tuubbo
kraan
mar-mar
tegels
tuunji
kinderpo
saxanka-alaab-dhaqa
gootsteen

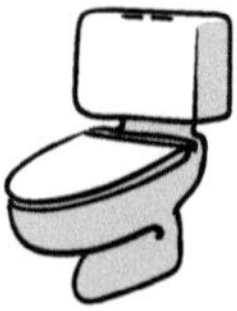

musqul
toilet

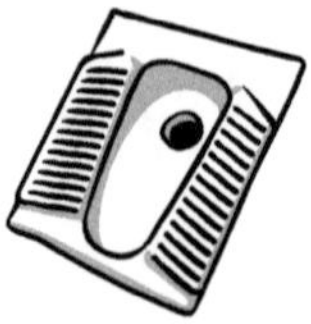

musqusha fadhiga
hurktoilet

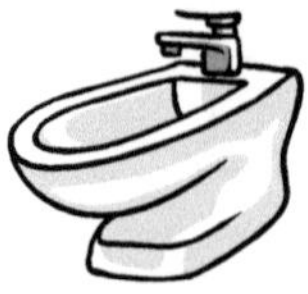

siin
bidet

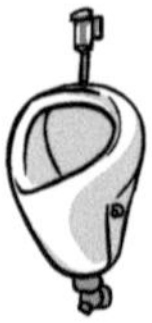

weel kaadi
urinoir

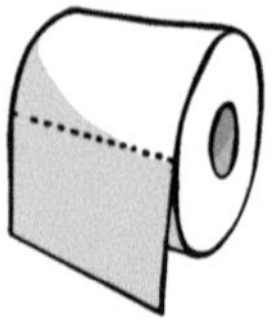

tiish musqul
toiletpapier

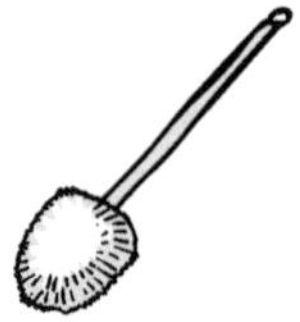

burushka musqusha
toiletborstel

caday

tandenborstel

daawo caday

tandpasta

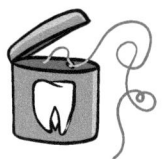

dunta ilka farashada

flosdraad

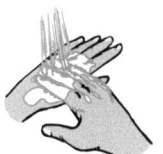

dhaq

wassen

gacan qubeys

handdouche

tuubo-musqul

bidethanddouche

beeshin

waskom

burush-qubeys

rugborstel

saabuun

zeep

shaambo

douchegel

shaambo

shampoo

cago-saar

washandje

biyo-saare

afvoer

kareem

crème

carfiso

deodorant

muraayad
spiegel

muraayad gacmeed
handspiegel

sakiin
scheermes

xumbada xiirashada
scheerschuim

daawo gar-xiir
aftershave

shanlo
kam

burush
borstel

fooneeye
haardroger

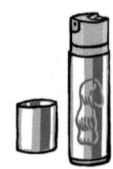

timo-buufis
haarlak

waji-qurxiye
make-up

rooseeto
lippenstift

cidiyo-nadiifiye
nagellak

dun
watten

cidiyo-jar
nagelknipper

baarafuun
parfum

boorso-wajidhaq
....
toilettas

saxaro
....
kruk

miisaan culays
....
weegschaal

dhar-qubeys
....
badjas

gacma gashi cinjir
....
latex handschoenen

tambooni
....
tampon

tiimshe
....
maandverband

musqul kiimiko
....
chemisch toilet

qolka ilmaha

kinderkamer

saacadda dhawaaqda
wekker
boombale caruur
knuffel
baabuur caruureed
speelgoedauto
sanqadh
rammelaar
guriga caruusada
poppenhuis
hadiyad
geschenk

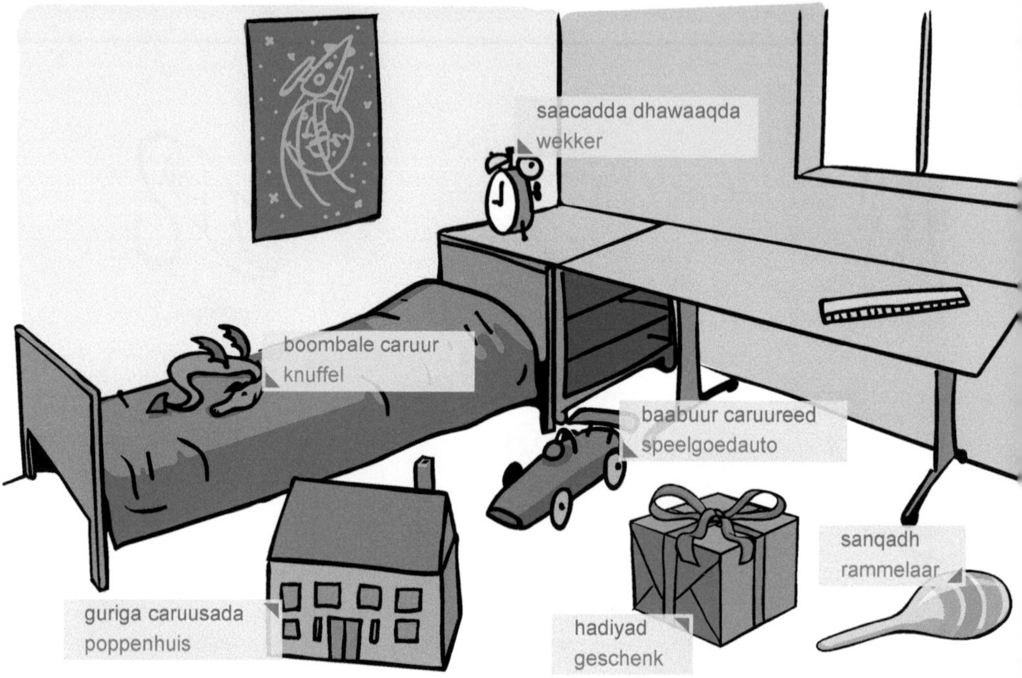

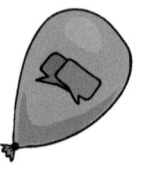

buufin

ballon

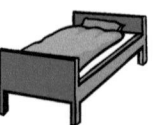

sariir

bed

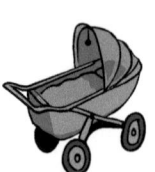

gaariga caruurta

kinderwagen

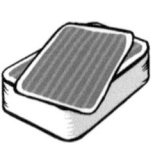

turub

spel kaarten

miinshaar

puzzel

SUPER
MEGA

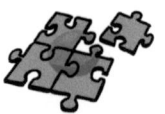

maad

stripboek

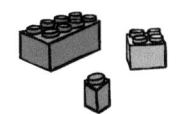

bulkeeti boombale ah
legoblokjes

tooy
blokken

sanam
actiefiguur

isku-jooga dhallaanka
kruippakje

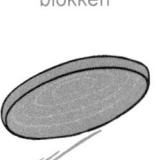

aalad cayaar
frisbee

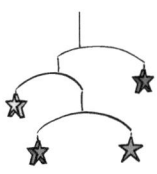

moobaayl
mobiel

khamaar
bordspel

laadhuu
dobbelsteen

moodo tareen
modelspoorweg

boombale
fopspeen

xaflad
feest

buug sawirro
prentenboek

kubbad
bal

boombale
pop

cayaar
spelen

dhoobo-dhoobeey
zandbak

wiifoow
schommel

alaab-alaabeey
speelgoed

geemka gacanta laga hago
spelconsole

baaskiil
driewieler

boombale
knuffelbeer

armaajo dhar
kleerkast

dhar

kleding

sigisaan
sokken

sigsaan haween
kousen

surwaal-dhuuqsan
maillot

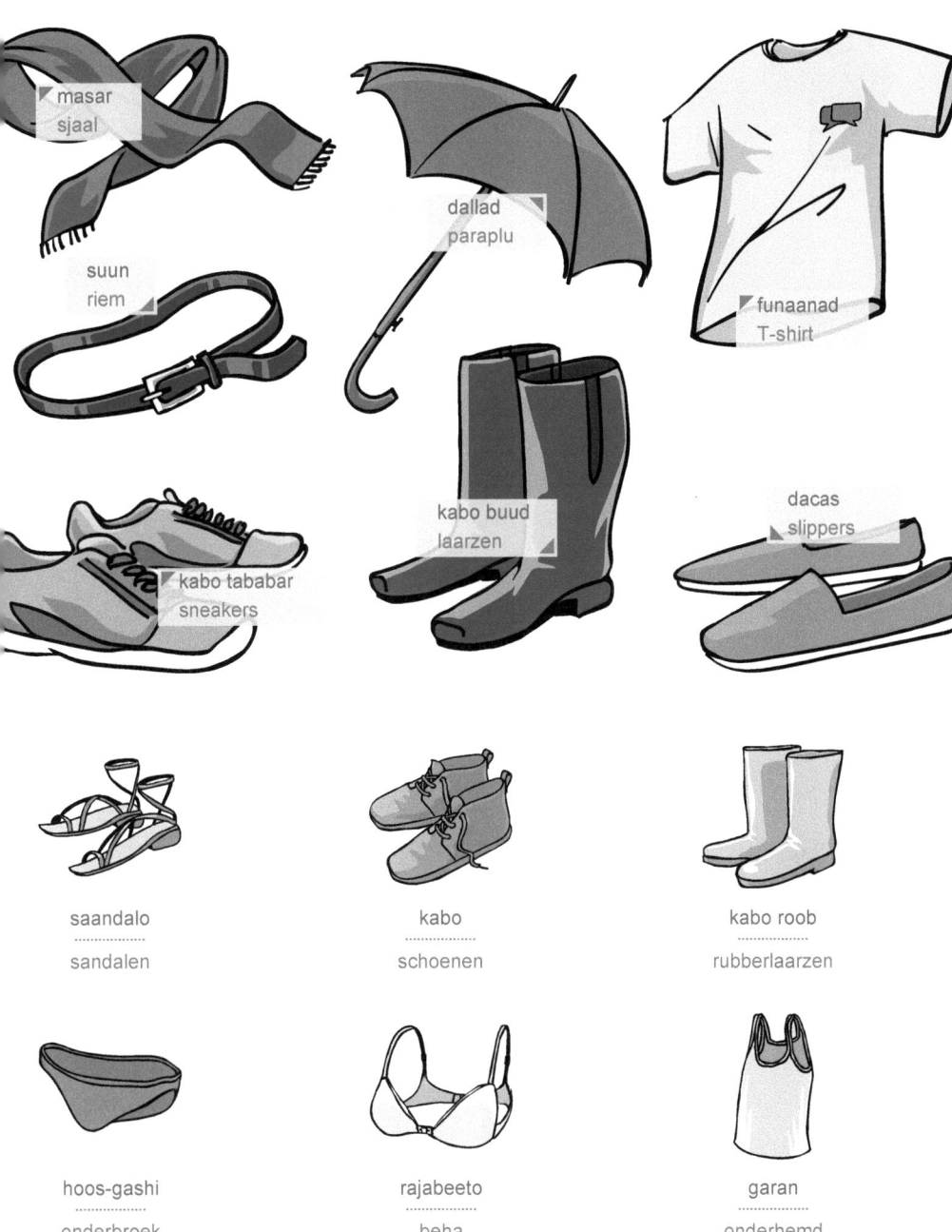

masar
sjaal

dallad
paraplu

funaanad
T-shirt

suun
riem

kabo buud
laarzen

dacas
slippers

kabo tababar
sneakers

saandalo
sandalen

kabo
schoenen

kabo roob
rubberlaarzen

hoos-gashi
onderbroek

rajabeeto
beha

garan
onderhemd

jir
....
lichaam

surwaal
....
broek

surwaal jeenis
....
jeans

goono
....
rok

canbuur
....
blouse

shaati
....
hemd

funaanad-dhaxameed
....
trui

garan dhaxameed
....
capuchontrui

jaakad fudud
....
blazer

jaakad
....
jas

koodh
....
jas

koodhka roobka
....
regenjas

dhar-munaasabadeed
....
kostuum

labbis
....
jurk

lebbis aroos
....
trouwjurk

suut
pak

dhar-hurdo
nachthemd

bajaamo
pyjama

saari
sari

masar
hoofddoek

cimaamad
tulband

cabaayad
boerka

saako
kaftan

cabaayad
abaya

dharka-dabaasha
badpak

dabo-gaabyo
zwembroek

surwaal-dabagaab
short

taraak-suut
trainingspak

dufan-dhowr
schort

gacmo gashi
handschoenen

galluus
knoop

ookiyaale
bril

jijin
armband

silis
ketting

faraati
ring

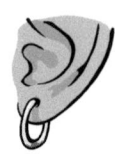

dhego dhego
oorbel

koofiyo
pet

katabaan
kapstok

koofiyad
hoed

garabaati
das

jiinyeer
rits

helmed
helm

ilko-reeb
bretellen

direes dugsi
schooluniform

direes
uniform

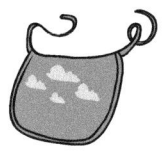

cayo-dhowr

slabbetje

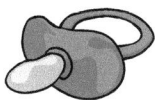

boombale

fopspeen

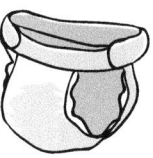

maro-dufeed

luier

xafiis

kantoor

khad-bixiye
server
armaajo feylal
dossierkast
daabace
printer
warqad
papier
shaashad
monitor
hage kombuyuutar
muis
miis
bureau
gal
map
teeb-kombuyuutar
toestenbord
haan qashin-gur
papiermand
kombuyuutar
computer
kursi
stoel

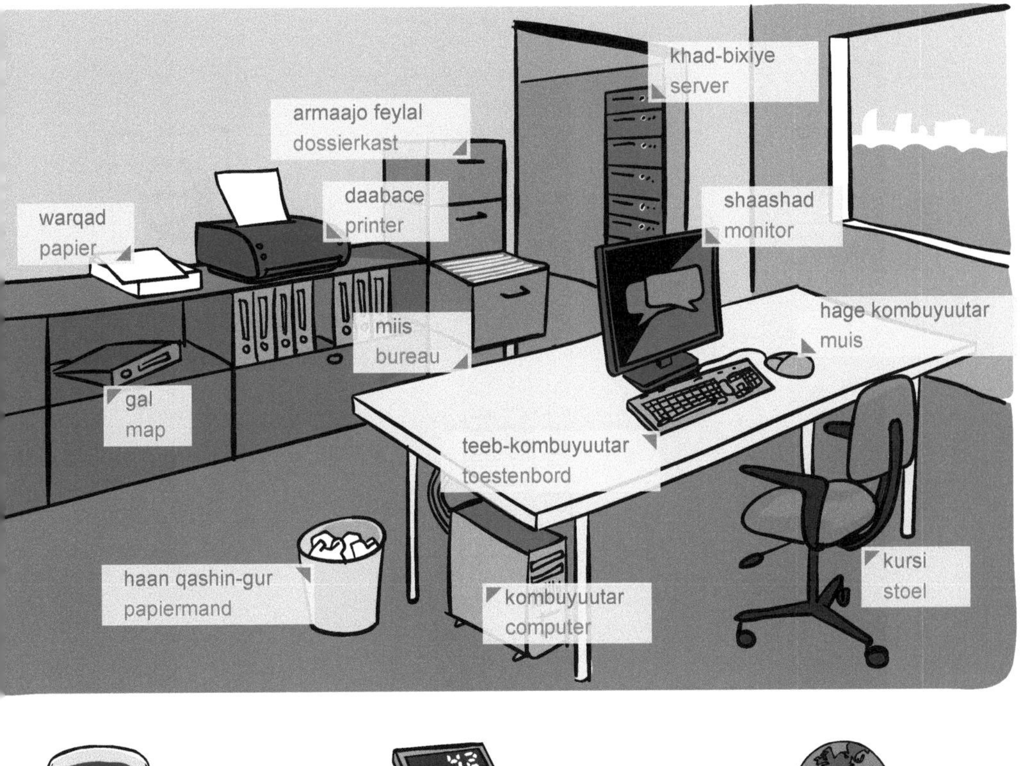

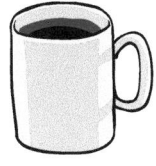

koob kafee

koffiemok

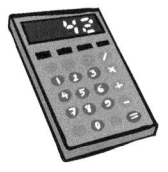

kalkuleytar/xisaabiye

rekenmachine

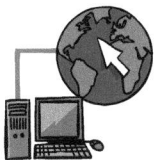

internet

internet

laabtoob

laptop

bakhshad

brief

fariin

bericht

moobaayl

gsm

shabakad-kombuyuutar

netwerk

footokoobi

kopieerapparaat

barnaamij-kombuyuutar

software

telefoon

telefoon

god koronto

stopcontact

mishiinkan fax-ka

fax

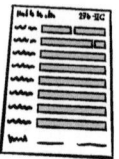

foomka

formulier

dokumenti

document

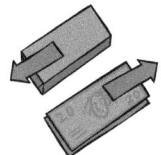

iibso
....
kopen

bixi
....
betalen

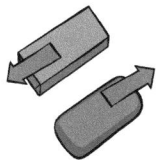

ganacso
....
handelen

lacag
....
geld

doollar
....
dollar

yuuro
....
euro

yenka jabbaan
....
yen

robolka ruushka
....
roebel

Franka iswiiska
....
Zwitserse frank

lacagta shiinaha
....
Chinese renminbi

rubiyada hindiga
....
roepie

maqal
....
geldautomaat

xafiiska sarrifaka lacagaha

wisselkantoor

dahab

goud

qalin

zilver

shidaal

olie

tamar

energie

qiime

prijs

qandaraas

contract

canshuur

belasting

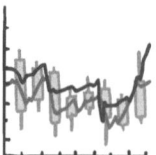

raasumaal

aandeel

shaqee

werken

shaqaale

werknemer

shaqaaleysiiye

werkgever

warshad

fabriek

dukaan

winkel

sarkaal booliis
politieagent

dab-demiye
brandweerman

cunto-kariye
kok

dhakhtar
dokter

duuliye
piloot

beeralley

tuinman

nijaar

timmerman

timo-qurxiso

naaister

qaaddi

rechter

farmashiiste

chemicus

jile

acteur

darawal bas

buschauffeur

taksiile

taxichauffeur

kalluumeyste

visser

nadiifiso

schoonmaakster

saqaf-dhise

dakdekker

kabalyeeri

ober

ugaarsade

jager

rinjiile

schilder

rooti-dube

bakker

koronto-yaqaan

elektricien

dhise

bouwvakker

injineer

ingenieur

kawaanle

slager

tuubbiiste

loodgieter

boostaale

postbode

askari

soldaat

injineer-dhismo

architect

qasnaji

kassier

ubax-yaqaan

bloemist

timo-jare

kapper

kiro-uruuriye

conducteur

makaanik

mecanicien

kabtan

kapitein

dhakhtar-ilko

tandarts

saaynisyahan

wetenschapper

wadaad yahuud

rabbijn

imaam

imam

xerow

monnik

wadaad

geestelijke

qalab
werktuigen

biinsi
tang
dubbe
hamer
kashawiito
schroevendraaier
kiyaawe
schroefsleutel
toosh
zaklamp

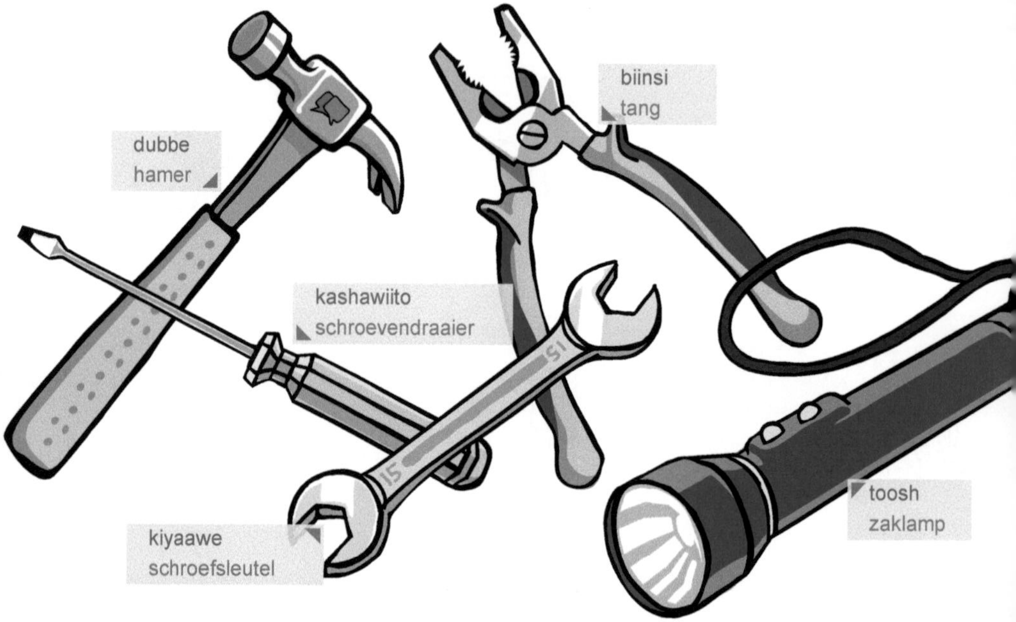

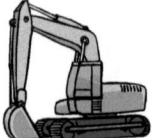

dhul-qoddo

graafmachine

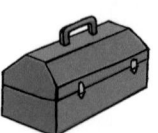

qalab-xajiye

gereedschapskoffer

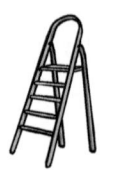

jaraanjaro

ladder

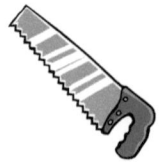

miinshaar

zaag

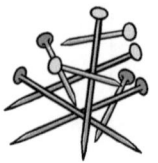

musbaarro

spijkers

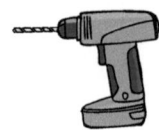

dalooliye

boormachine

dayactir
repareren

badiil
schop

inkaar kugu dhacday!
Verdomme!

bus-xaabiye
blik

gasacad rinji
verfpot

boolal
schroeven

qalab muusiko
muziekinstrumenten

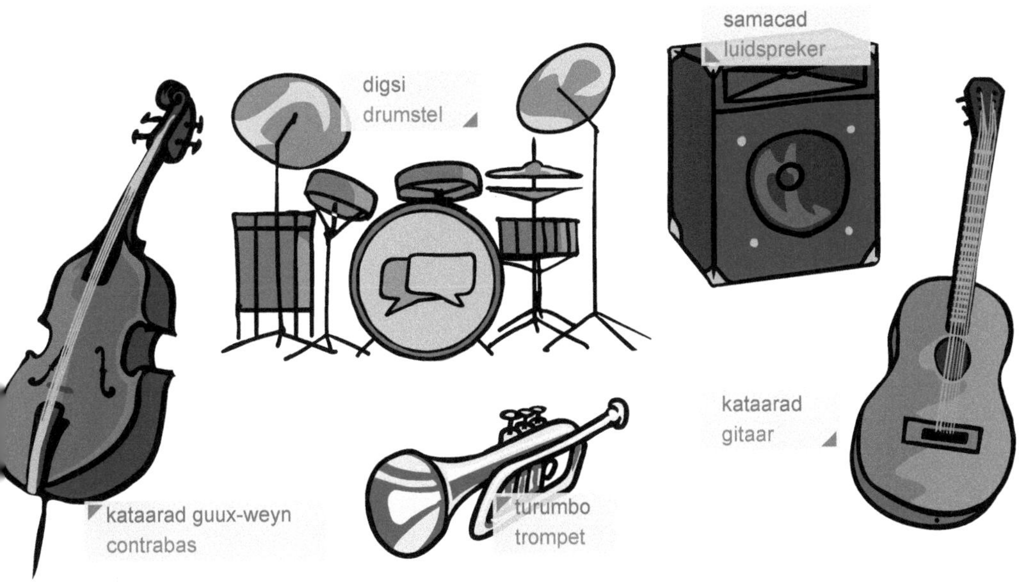

samacad
luidspreker

digsi
drumstel

kataarad
gitaar

kataarad guux-weyn
contrabas

turumbo
trompet

biyaano

piano

fiyooliin

viool

karaarad guux-dheer

basgitaar

durbaan-sheegagle

pauk

durbaan

trommels

loox-xarfeed-biyaano

keyboard

turumbo

saxofoon

siin-baar

fluit

makarafoon

microfoon

beer-xayawaan

zoo

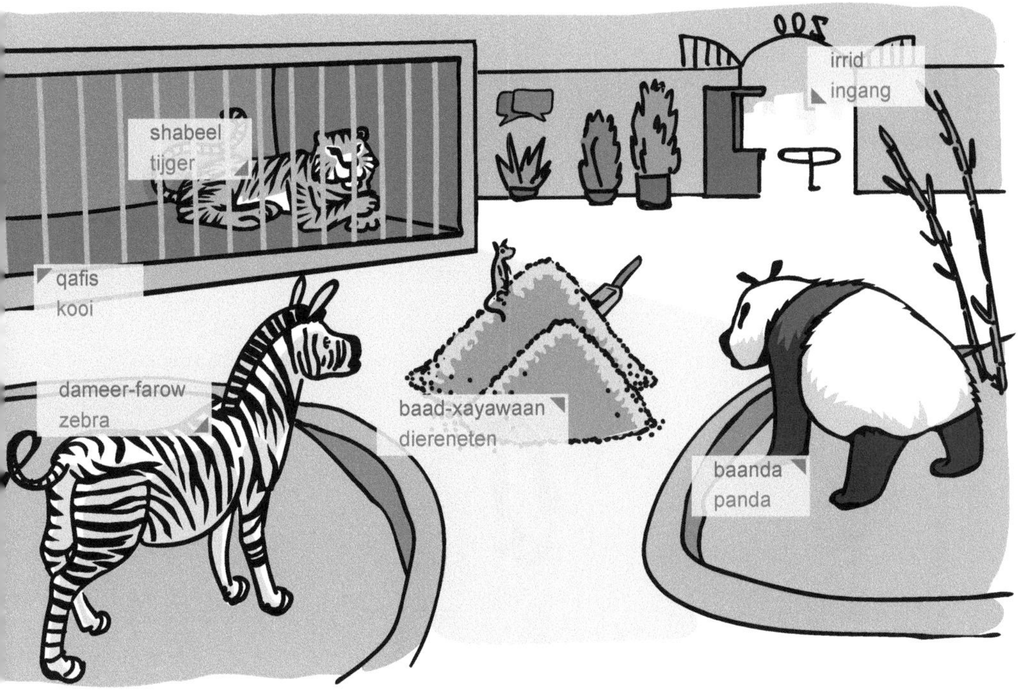

irrid
ingang
shabeel
tijger
qafis
kooi
dameer-farow
zebra
baad-xayawaan
diereneten
baanda
panda

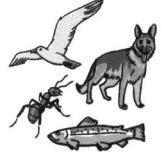

xayawaan

dieren

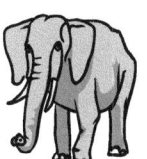

maroodi

olifant

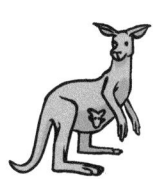

kaangaruu

kangoeroe

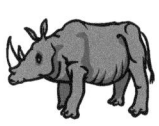

wiyil

neushoorn

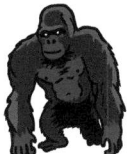

goriille

gorilla

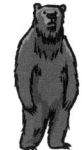

oorso

beer

geel
kameel

gorayo
struisvogel

libaax
leeuw

daanyeer
aap

xiita-luga-dheer
flamingo

baqbaqaa
papegaai

oorso baraf-ku-nool
ijsbeer

shimbir baraf
pinguïn

libaax-badeed
haai

daa'uus
pauw

mas
slang

yaxaas
krokodil

beer-xayawaan ilaaliye
dierenverzorger

bahal kalluun-cun
zeehond

shabeel-u-eke
jaguar

dhal faras
pony

harmacad
luipaard

jeer
nijlpaard

geri
giraffe

gorgor
adelaar

doofaar-jilibeey
wild zwijn

kalluun
vis

qubo
zeeschildpad

maroodi-badeed
walrus

dawaco
vos

deero
gazelle

kubadda-cagta maraykanka
rugby

tartanka bashkuleetiga
wielrennen

kubbadda miiska
tennis

kubbadda koleyga
basketbal

dabaal
zwemmen

cayaarta feerka
boksen

hookiga barafka lagu dh
ijshockey

kubadda cagta
voetbal

baadminton
badminton

ciyaaraha fudud
atletiek

kubadda gacanta
handbal

iskii/ciyaarta barafka
skiën

cayaar-faras
polo

hawlo
activiteiten

boodid
springen
hab-siin
knuffelen
qosol
lachen
soco
wandelen
hees
zingen
riyo
dromen
duceyso
bidden
dhunkasho
kussen

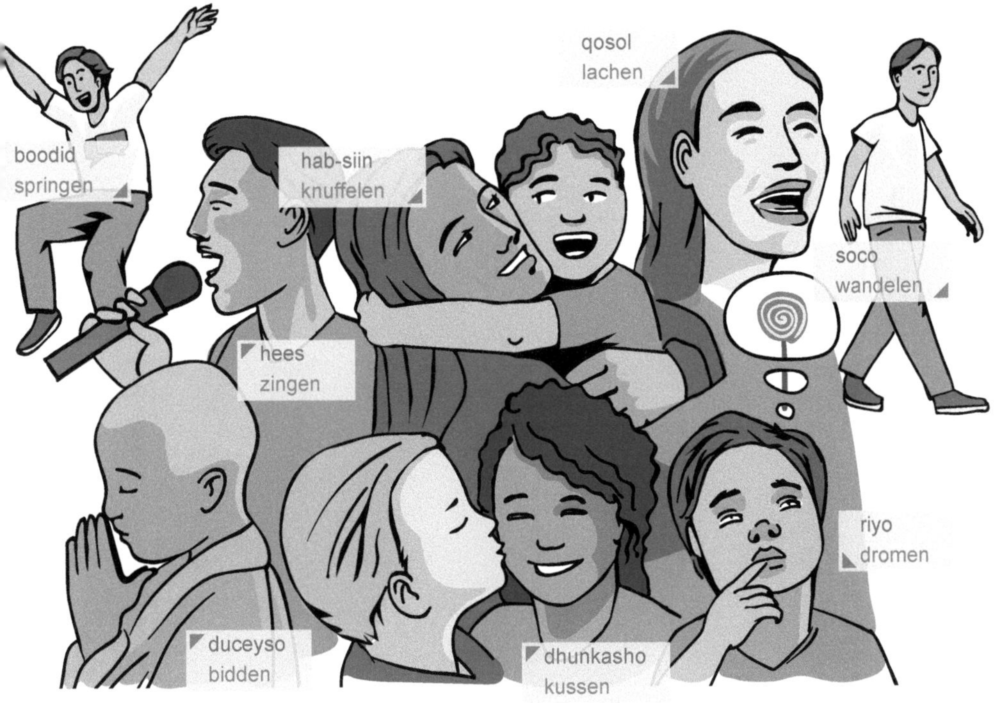

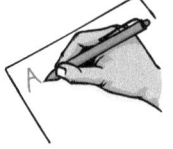

qorraxeed
schrijven

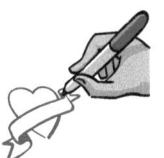

masawirid
tekenen

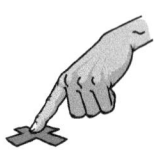

muuji
tonen

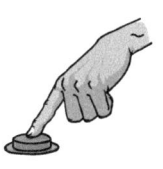

riix
duwen

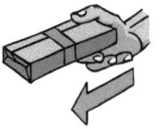

sii
geven

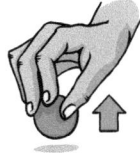

qaado
nemen

haysasho

hebben

samee

doen

ahaansho

zijn

istaag

staan

orod

lopen

jiid

trekken

tuur

gooien

dhicid

vallen

been-sheegid

liggen

sug

wachten

qaad

dragen

fariiso

zitten

labiso

aankleden

seexo

slapen

toos

ontwaken

fiiri
....
kijken naar

ooy
....
wenen

dhuftay
....
aaien

shanleyso
....
kammen

hadal
....
praten

faham
....
begrijpen

weydii
....
vragen

dhageysasho
....
luisteren

cab
....
drinken

cun
....
eten

habee
....
opruimen

jacayl
....
houden van

kari
....
koken

kaxee
....
rijden

duulid
....
vliegen

shiraaco

zeilen

xisaabi

rekenen

akhri

Lezen

barasho

leren

shaqee

werken

guurso

trouwen

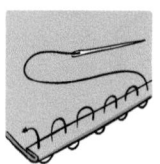

tol

naaien

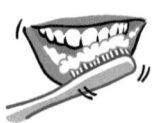

cadayso

tandenpoetsen

dilid

doden

sigaar cab

roken

dir

sturen

hawlo - activiteiten

qoys
familie

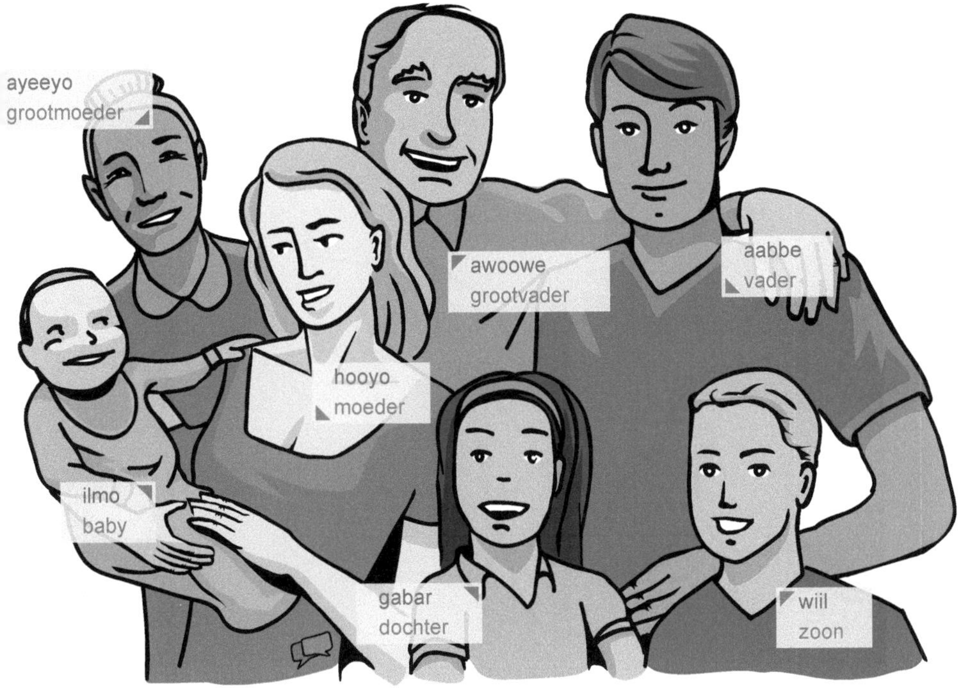

ayeeyo
grootmoeder
awoowe
grootvader
aabbe
vader
hooyo
moeder
ilmo
baby
gabar
dochter
wiil
zoon

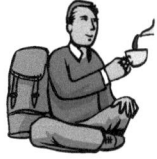

marti
gast

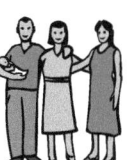

eeddo
tante

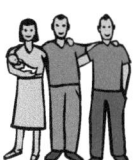

adeer
oom

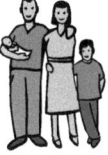

walaal rag
broer

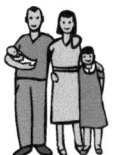

walaal dumar
zus

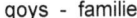

jir

lichaam

fool
voorhoofd
il
oog
garab
schouder
far
vinger
weji
gezicht
gar
kin
gacan
hand
naas
borst
lug
been
cudud
arm

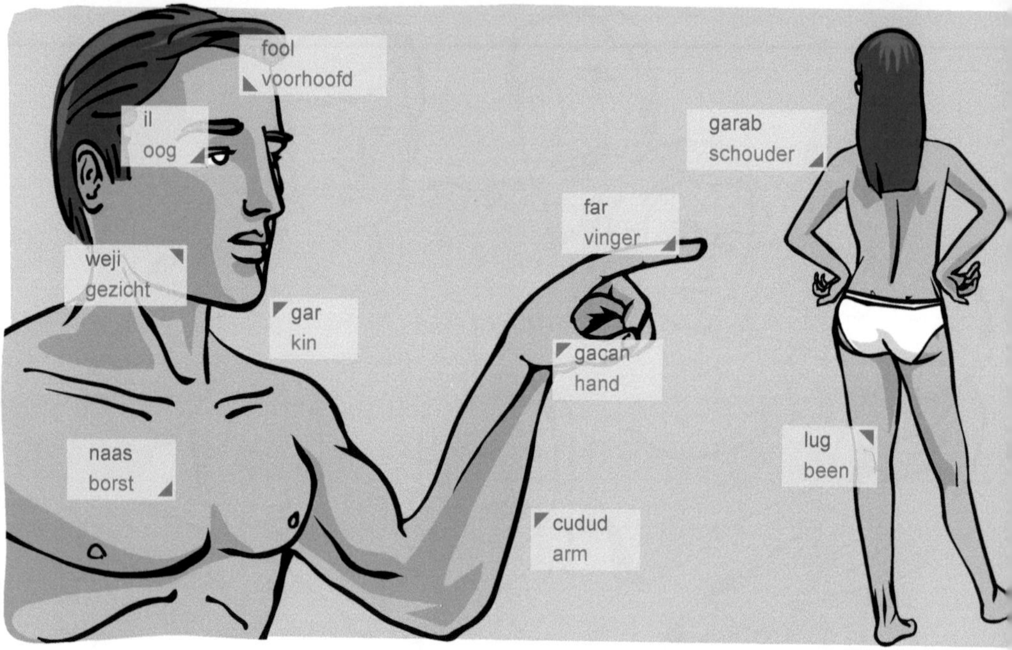

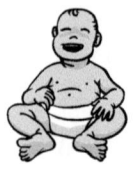

ilmo
baby

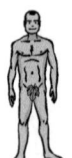

nin
man

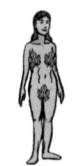

naag
vrouw

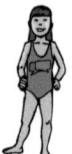

gabar
meisje

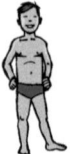

wiil
jongen

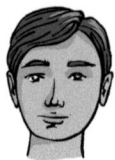

madax
hoofd

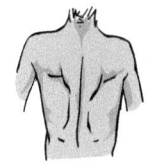

dhabar
rug

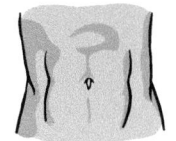

calool
buik

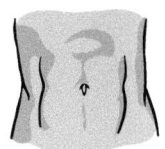

xuddun
navel

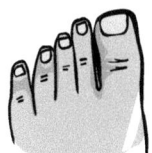

suul
teen

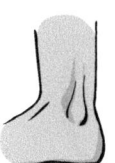

cirib
hiel

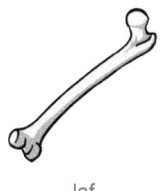

laf
bot

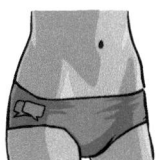

sin
heup

jilib
knie

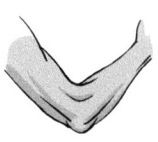

xusul
elleboog

san
neus

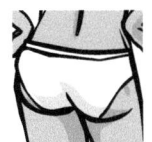

bari
zitvlak

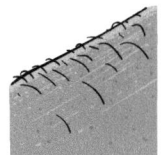

maqaar
huid

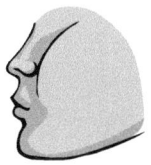

dhafoor
wang

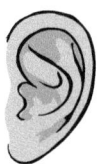

dheg
oor

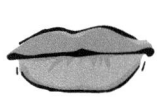

bishin
lip

af
....
mond

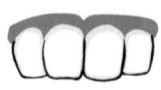

ilig
....
tand

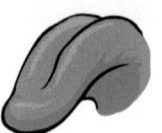

carrab
....
tong

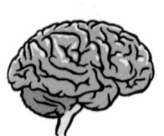

maskax
....
hersenen

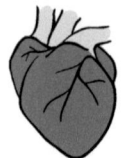

wadno
....
hart

muruq
....
spier

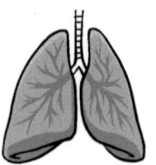

sambab
....
long

beer
....
lever

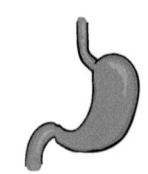

uur kujirta caloosha
....
maag

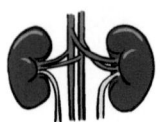

kelyo
....
nieren

galmo
....
seks

cinjir-galmo
....
condoom

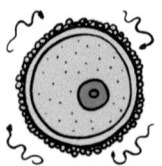

ugxan
....
eicel

shahwo
....
sperma

uur
....
zwangerschap

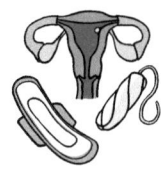

caado

menstruatie

siil

vagina

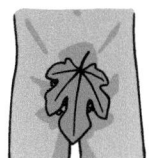

gus

penis

suni

wenkbrauw

timo

haar

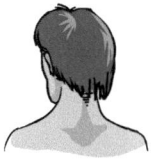

qoor

nek

isbitaal

ziekenhuis

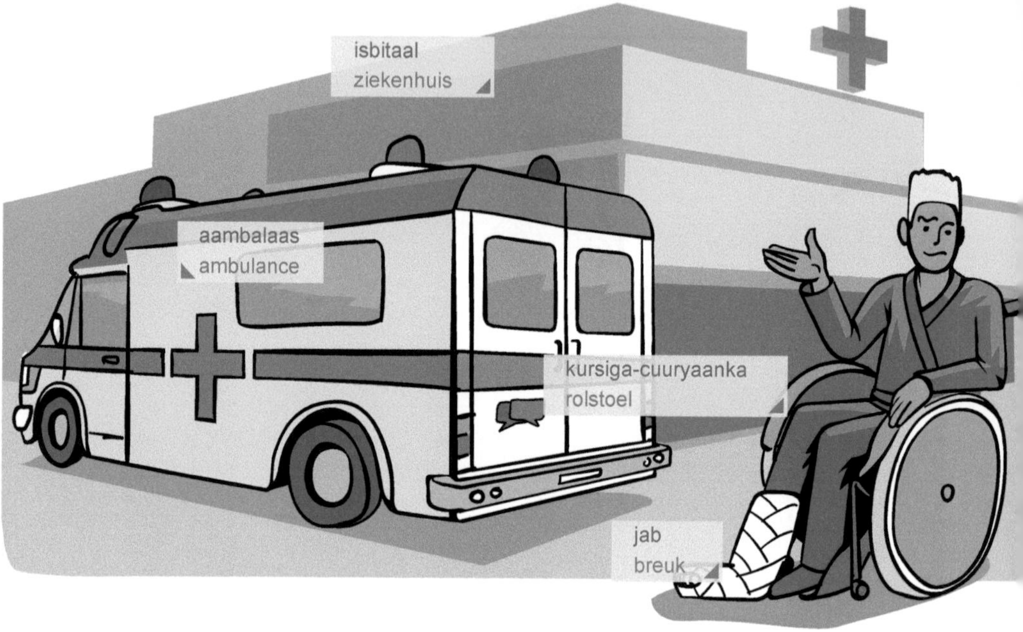

isbitaal
ziekenhuis
aambalaas
ambulance
kursiga-cuuryaanka
rolstoel
jab
breuk

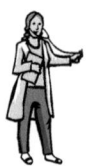

dhakhtar

dokter

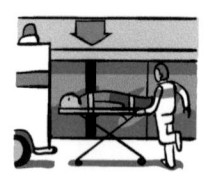

qolka xaaladaha-degdega ah

spoed

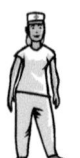

kalkaaliye

verpleegkundige

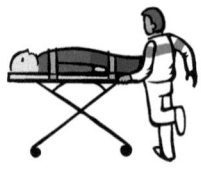

xaalad deg-deg ah

noodgeval

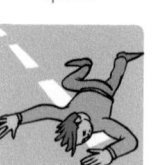

miyir-beelsan

bewusteloos

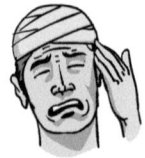

xanuun

pijn

dhaawac
verwonding

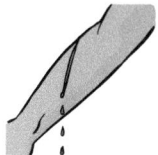

dhiig-bax
bloeding

wadno-xanuun
hartaanval

qallal
beroerte

xasaasiyad
allergie

qufac
hoest

qandho
koorts

hargab
griep

shuban
diarree

madax-xanuun
hoofdpijn

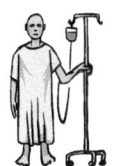

kansar
kanker

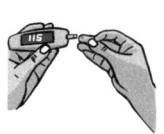

cudurka sokoroow
diabetes

dhakhtarka-qalliinka
chirurg

mindida qalliinka
scalpel

qalliin
operatie

iskaan

CT

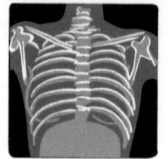

raajo

röntgenstraal

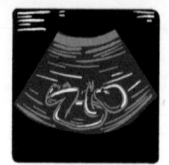

dhawaaq-xawaareed

ultrageluid

maaskaro

gezichtsmasker

cudur sokoroow

ziekte

qolka sugitaanka

wachtkamer

ul lagu boodo

kruk

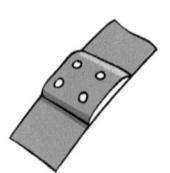

kab

pleister

faashato

verband

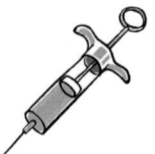

duris

injectie

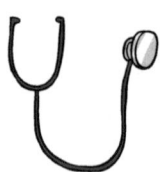

wadne-dhegeyeste

stethoscoop

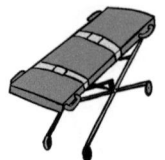

balankiino

brancard

heer-kul-beega qandhada

thermometer

dhalasho

geboorte

aad-u-cayilan

overgewicht

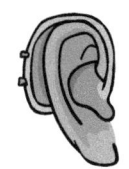

maqal-caawiye

hoorapparaat

jeermis-dile

ontsmettingsmiddel

caabuq

infectie

feyras

virus

AYDHIS/HIV

HIV / AIDS

daawo

medicijn

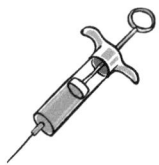

tallaal

vaccinatie

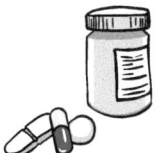

kaniiniyo

tabletten

kaniin

pil

wicitaan deg-deg ah

noodoproep

cabbiraha dhiig-karka

bloeddrukmeter

xanuunsan / caafimaadsan

ziek / gezond

i caawiya!

Help!

sawaxan

alarm

weerar-kadisa ah

overval

weerar

aanval

khatar

gevaar

irridda bixida xaalad-deg-deg

nooduitgang

dab!

Brand!

dab demiye

brandblusser

shil

ongeval

saduuqa xaalada-degdega ah

EHBO-kit

codsi badbaado

SOS

booliis

politie

Yurub

Europa

woqooyiga ameerika

Noord-Amerika

koonfurta ameerika

Zuid-Amerika

Afrika

Afrika

Aasiya

Azië

Oostareeliya

Australië

Atlaantik

Atlantische Oceaan

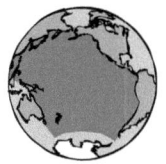

Pacific

Stille Oceaan

Bad-waynta hindiya

Indische Oceaan

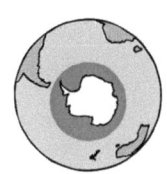

Bad-waynta antarctica

Antarctische Oceaan

Bad-waynta arctic

Arctische Oceaan

cirifka waqooyi

Noordpool

cirifka koonfureed

Zuidpool

Antarctica

Antarctica

dhul

aarde

dhul

land

bad

zee

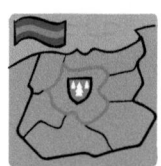

jasiirad

eiland

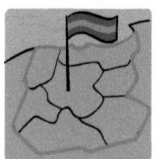

waddan

natie

gobol

staat

wajiga saacadda

wijzerplaat

gacanka saacada

uurwijzer

gacanka daqiiqada

minuutwijzer

gacanka ilbiriqsiga

secondewijzer

waa intee saac?

Hoe laat is het?

maalin

dag

wakhti

tijd

hadda

nu

saacadda jiifarrada

digitale horloge

daqiiqad

minuut

saacad

uur

toddobaad

week

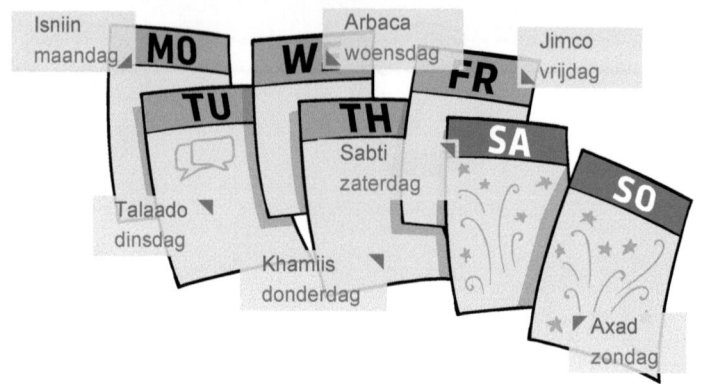

Isniin / maandag — MO
Arbaca / woensdag — W
Jimco / vrijdag — FR
Talaado / dinsdag — TU
Sabti / zaterdag — TH
Khamiis / donderdag — SA
Axad / zondag — SO

shalay
gisteren

maanta
vandaag

berri
morgen

subax
ochtend

duhur
middag

casir
avond

maalmaha shaqo
werkdagen

dabayaaqada usbuuca
weekend

roob
regen

qaanso-roobaad
regenboog

roob-baraf
sneeuw

dabayl
wind

gu'
lente

deyr
herfst

xagaa
zomer

jiilaal
winter

4.APRIL	11°	☀
5.APRIL	4°	☁
6.APRIL	13°	☔
7.APRIL	8°	❄
8.APRIL	10°	☀

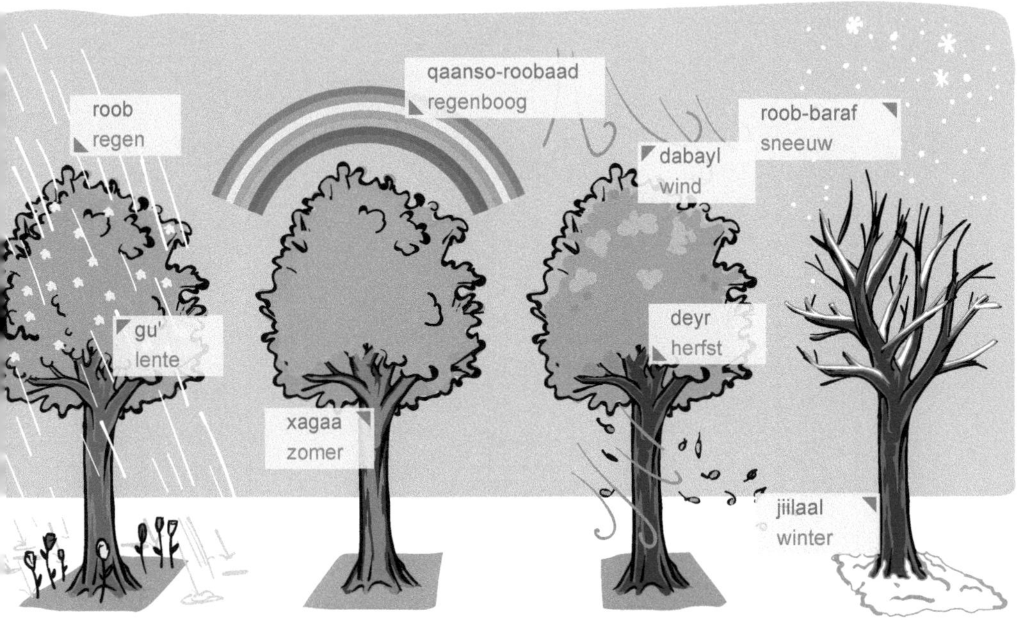

saadaal hawo

weervoorspelling

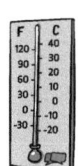

heer-kul baare

thermometer

qorraxeed

zonneschijn

daruur

wolk

ceeryaamo

mist

huur

vochtigheid

jac
bliksem

onkod
donder

duufaan
storm

roob-baraf
hagel

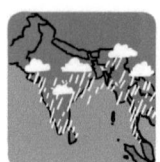

maansuun
moesson

daad
overstroming

baraf
ijs

Jannaayo
januari

Febraayo
februari

Maarso
maart

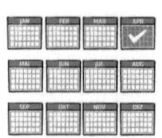

Abriil
april

Mey
mei

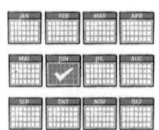

Juun
juni

Luulyo
juli

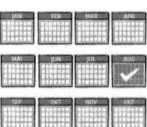

Agoosto
augustus

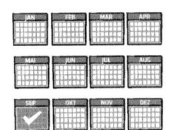

Sebteember
....
september

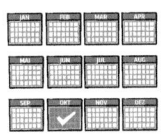

Oktoobar
....
oktober

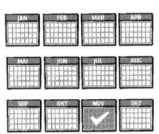

Nofeember
....
november

Diseember
....
december

goobaabo
....
cirkel

afar-gees
....
kwadraat

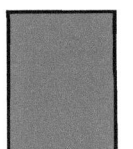

leydi
....
rechthoek

saddex-xagal
....
driehoek

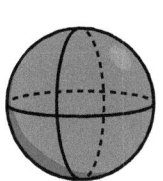

wareeg
....
bol

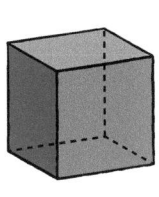

bokis
....
kubus

caddaan

wit

hurdi

geel

oranji

oranje

guduud-khafiif

roze

casaan

rood

carwaajis

paars

bluug

blauw

cagaar

groen

boroon

bruin

cawl

grijs

madow

zwart

badan / yar

veel / weinig

caro / daganaan

boos / kalm

qurxoon / foolxun

mooi / lelijk

billow / dhammaad

begin / einde

yar / weyn

groot / klein

iftiin / mugdi

licht / donker

walaalkaa / walaashaa

broer / zus

nadiif / wasakhaysan

proper / vuil

buuxa / dhantaalan

volledig / onvolledig

maalin / habeen

dag / nacht

dhintay / nool

dood / levend

ballaaran / ciriiri ah

breed / smal

la cuni karo / aan la cuni karin
....
eetbaar / oneetbaar

arxan-daran / naxariis-badan
....
kwaadaardig / vriendelijk

faraxsan / caajisan
....
opgewonden / verveeld

buuran / caateysan
....
dik / dun

ugu horeeya / ugu dambeeya
....
eerst / laatst

saaxiib / cadaw
....
vriend / vijand

maran / buuxa.
....
vol / leeg

adag / jilicsan
....
hard / zacht

culus / fudud
....
zwaar / licht

gaajo / oon
....
honger / dorst

xanuunsan / caafimaadsan
....
ziek / gezond

sharci-darro / sharci
....
illegaal / legaal

caaqil / dabbaal
....
intelligent / dom

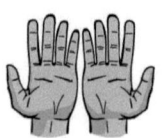

bidix / midig
....
links / rechts

dhow / fog
....
dichtbij / veraf

cusub / duug

nieuw / gebruikt

waxba / wax

niets / iets

da' / dhalinyar

oud / jong

daaris / damin

aan / uit

furan / xiran

open / dicht

aamusnaan / cod-dheer

stil / luid

taajir / sabool

rijk / arm

sax / khalad

juist / fout

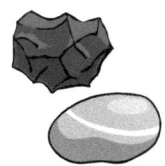

jilif leh / sabiibax

ruw / glad

murugsan / faraxsan

droevig / blij

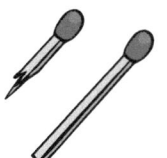

gaaban / dheer

kort / lang

tartiib / dhaqsi

traag / snel

qoyaan / qalleyl

nat / droog

qandac / qabow

warm / koud

dagaal / nabad

oorlog / vrede

0	**1**	**2**
eber	kow	laba
nul	één	twee

3	**4**	**5**
saddex	afar	shan
drie	vier	vijf

6	**7**	**8**
lix	toddoba	sideed
zes	zeven	acht

9	**10**	**11**
sagaal	toban	kow iyo toban
negen	tien	elf

12

laba iyo toban

twaalf

13

sadex iyo toban

dertien

14

afar iyo toban

veertien

15

shan iyo toban

vijftien

16

lix iyo toban

zestien

17

todoba iyo toban

zeventien

18

sideed iyo toban

achtien

19

sagaal iyo toban

negentien

20

labaatan

twintig

100

boqol

honderd

1.000

kun

duizend

1.000.000

malyuun

miljoen

Af ingiriis

Engels

Ingiriiska Mareykanka

Amerikaans Engels

Mandariinka Shiinaha

Chinees (Mandarijn)

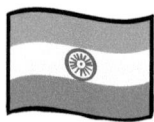

Hindi

Hindi

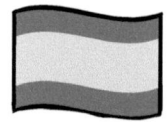

Boortaqiis

Spaans

Faransiis

Frans

Carabi

Arabisch

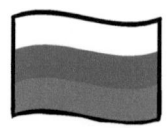

Ruush

Russisch

Boortaqiis

Portugees

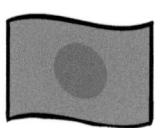

Bengaali

Bengali

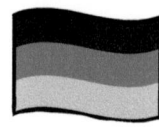

Jarmal

Duits

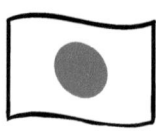

Jabaaniis

Japans

aniga

ik

adiga

u

asaga / ayada

hij / zij / het

annaga

wij

idinka

u

ayaga

ze

kee?

wie?

maxay?

wat?

sidee?

hoe?

xagee?

waar?

goorma?

wanneer?

magac

naam

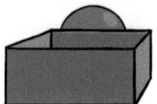

gadaal

achter

gudaha

in

horta

voor

ka sare

boven

dusha

op

ka hooseeya

onder

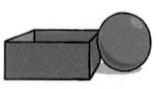

dhinac

naast

u dhexeeya

tussen

meel

plaats